Über dieses Buch Rose Ausländer, deren Werk aufgrund einer unglücklichen Verkettung von Schicksalsschlägen erst spät an die Öffentlichkeit gelangte, galt lange Zeit als literarischer Geheimtip. Erst seit Mitte der siebziger Jahre hat sie eine ständig wachsende Leserschaft gefunden. Ihre Gedichte, die nur aus wenigen Worten bestehen, leicht zu verstehen sind und doch einen kaum auslotbaren Sinn haben, werden von der Kritik in eine Reihe gestellt mit den Versen Else Lasker-Schülers. Der vorliegende Band vereinigt zwei kleinere Sammlungen, die zum Spätwerk der Dichterin gehören. Jürgen P. Wallmann schrieb dazu: »In Rose Ausländers später Dichtung ... verbinden sich Sensibilität und Intellektualität, Phantasie und Ratio. Bei aller Tendenz zu Einfachheit, zu lapidarer Aussage, zu Reduktion, Verknappung und bisweilen epigrammatischer Kürze sind diese Verse doch getragen von Musikalität. Unter der aufgerauhten Oberfläche freirhythmischer Gedichte mit scharfen Konturen wird beim genauen Hinhören melodiöse Liedhaftigkeit erkennbar. Dieser Dichterin sind die Scheintiefe und das pseudopoetische Dunkel ebenso fremd wie die Scheu vor den alten, oft abgenutzten, in großer Poesie aber doch immer wie neu anmutenden Wörtern.«
Helmut Braun, der 1976 erstmals Rose Ausländers »Gesammelte Gedichte« publizierte, erzählt in seinem ausführlichen Nachwort die Lebensgeschichte dieser Dichterin, um die sich schon zu ihren Lebzeiten zahlreiche Legenden gebildet haben.

Die Autorin Rose Ausländer, geboren am 11.5.1901 in Czernowitz/ Bukowina, überlebte die Jahre 1941–1944 als Jüdin im Ghetto von Czernowitz. Zweimal, 1921 und 1946, wanderte sie in die USA aus. 1964 endgültige Rückkehr nach Europa. Seit 1970 lebt Rose Ausländer im Elternhaus der Jüdischen Gemeinde in Düsseldorf. Sie veröffentlichte etwa zwanzig Gedichtbände und erhielt zahlreiche Auszeichnungen und Preise, zuletzt 1980 die Roswitha-Medaille der Stadt Gandersheim.
Im S. Fischer Verlag liegen folgende Titel vor: »Mein Atem heißt jetzt«, »Ein Stück weiter«, »Gesammelte Gedichte«, »Doppelspiel«, »Mutterland«, »Mein Venedig versinkt nicht«; im Fischer Taschenbuch Verlag: »Im Atemhaus wohnen« (Bd. 2189).

Rose Ausländer

Mutterland
Einverständnis

Gedichte

Mit einem Nachwort
von Helmut Braun

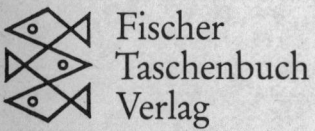

Fischer
Taschenbuch
Verlag

Fischer Taschenbuch 5775
Dezember 1982

Fischer Taschenbuch Verlag GmbH, Frankfurt am Main
Lizenzausgabe mit freundlicher Genehmigung der Rechteinhaber
S. Fischer Verlag GmbH, Frankfurt am Main (für »Mutterland«)
und Pfaffenweiler Presse, Pfaffenweiler (für »Einverständnis«)
Copyright für »Mutterland«. Herausgegeben von Berndt Mosblech:
© 1978, Literarischer Verlag Helmut Braun KG, Köln
Für »Einverständnis«. Ausgewählt von Rose Ausländer und Berndt Mosblech:
© 1980, Pfaffenweiler Presse, Pfaffenweiler
Für das Nachwort von Helmut Braun »Rose Ausländer – Zur Biographie«:
© 1982, Fischer Taschenbuch Verlag GmbH, Frankfurt am Main

Umschlagentwurf: Jan Buchholz / Reni Hinsch
Umschlagfoto: Harro Wolter
Gesamtherstellung: Hanseatische Druckanstalt GmbH, Hamburg
Printed in Germany
780-ISBN-3-596-25775-1

Inhalt

Mutterland

Einverständnis

Nachwort

Mutterland

Glauben

Ich glaube an die Wunder
dieser Welt und der unendlichen
unbekannten Welten

Ich glaube
an das Wunder der Träume
Träume im Schlaf
und im Wachen

Ich glaube an die Wunder
der Worte
die in der Welt wirken
und die Welten erschaffen

Ich glaube
an dich
Lebensbruder

Ganz bleiben

Unter fallenden Kastanien
den Garten umarmen

Durch Zeitgeräusch wandern
von Stimme zu Stimme

Herzliche Briefe
lieben

Sich an allen Ecken
wundstoßen
und ganz bleiben

Aber sie träumt

Mit Siebenmeilenwünschen
um den Nabel
der Erde

Sie baut Berge
im Tal
spricht Wasserfälle
schweigt Fischgedanken

Schlaf
hat kein Bett
in ihrem Haus

aber
sie träumt

sie träumt dich
wach

Geh auf

Wir rauchen die
Friedenspfeife
der Krieg und ich

Laß alles in Rauch aufgehn
sagt er lachend

Geh auf geh auf
ruf ich ihm zu

ich werde dein Gewölk
bewundern

Mein Atem

In meinen Tiefträumen
weint die Erde
Blut

Sterne lächeln
in meine Augen

Kommen Menschen
mit vielfarbnen Fragen
Geht zu Sokrates
antworte ich

Die Vergangenheit
hat mich gedichtet
ich habe
die Zukunft geerbt

Mein Atem heißt
JETZT

Das Weißeste

Nicht Schnee

Weißer die Zeichen
die der Einsiedler
auf die Tafel der Einsamkeit
schreibt

Das Weißeste
Zeit

Mutterland

Mein Vaterland ist tot
sie haben es begraben
im Feuer

Ich lebe
in meinem Mutterland
Wort

Abend II

Der Abendmund
blutet
wenn die Sonne ertrinkt

Zaubersprüche der toten Mutter
gegen das Purpurheer

Wieder
umarmt uns
der glitzernde Finsterring
die Fürstin erscheint
im silberschwarzen Talar
und dreht die
Traumgebetmühle

Anders II

Es ist alles
anders geworden

oder sind wir es
die anders wurden

oder ist alles Andere
anders
als wir es sehen

Abschied

Du denkst deinen
strömenden Tag
schwimmst mühsam
durch das Stundenwasser

Die Nacht
denkt dich
von Stern zu Stern

Im Schlafwandelatem
du merkst nicht
daß du Abschied nimmst

Adam

Tiere
zahm auch die wilden
Blumen Früchte
vom Geist erdacht
gewillt ihm zu dienen

Lebendige Luft
Vögel in Fülle

Alles

Aber
Adam
unwissend ewig
unwissend einsam
hatte noch nicht begonnen
da zu sein

bis die Gefährtin
aus seiner Rippe
sprang
um ihn zu lieben
und
sterblich zu machen

Allee

Ich höre das Herz
des Oleanders
gehe durch die grüne Allee
mit Blüten und Dornen
im Bund
ein Zipfelchen Zeit
in der Tasche

Allein

Ich lebe allein
mit dem Lied

Meine Fragen
werden nicht fertig

Der Himmel antwortet
nein
ja

Ich weiß nicht
wo das Ende beginnt
der Anfang endet

Lattengebirge

Aufrecht in deinem Blick
das Steingewächs

Moos
deine Augenweide

Die schlafende Hexe
träumt dich herbei

Im Föhnatem
gehen Geschichten um
grünbärtig

Du darfst Sommer aufladen
in den Sternwagen
er fährt dir nicht davon

Sag einen Kinderspruch
es sind ja noch
viele Worte
dir eigen

Am Karmel

Vom Karmel
siehst du
das Meer
die goldne Stadt
ihren blauen Wasserrock

Nachts
ist Haifa
ein Muster aus Sternen
schön geschrieben

Du liest in ihren
zuckenden Augen
das vieltausendjährige
junggebliebene
Schicksal
des Volks

Am Meer

Mit tiefen Fingerabdrücken
erreicht uns
die Brandung

Unsere Minuten
reingewaschen
vom Staub der Stadt

Das Wasser
vertont unsre Worte
flüssige Weisen
sandumsäumt

Ruth

Gespräche
aus Spreu

Korn füllt seine Kammern
mit Mehl

Wenn die Gespräche
verstummen
Wind die Spreu entführt
liest Ruth Ähren auf
mit klugen Fingern

Immer im Gespräch

Ichworte Duworte
die dich verwandeln

Auf dem Weg
zu Wasser Wäldern Bergen
zu dir

immer im Gespräch
mit der Atemzeit

Ich suche

Ein Gedicht
gefunden
ich suche
das Zwischenzeilwort
im Buchstabentanz
Konsonanten Vokale
ich taste die Länge und Breite
der Wörter
suche erfinde
das atmende
Wort

September

Diese letzte Klausur
des Sommers
ehe das Laub
gelb wird und fällt

Dies Farbenspiel
vor dem Ade
grüne Schwingungen
Blumenschaum blitzende Kiesel
vor dem Ade

Im Hintergrund
singt der graue Rhein:
Es geht
zu Ende

Spatzen wehren sich
gegen den Wind
der schon wild ist

Wir wehren uns
gegen das Gelb
auf unsrer Haut
trinken den letzten Glanz
der sinkenden Sonne

Im Zimmer

Das Zimmer behütet mich
da ich es hüten muß

Kommt stückweis die Welt
an mein Fenster
Pappeln Sperlinge Wolken

Briefe von alten und fremden Freunden
besuchen mich täglich

Die Zeit
ein Gespräch

Wirklichkeit
sagst du
ich sage
Traum

Ins Märchen

Laßt uns einziehn
ins Glockenhaus des Märchens

Hier steht es
am unscheinbaren Platz
voller Menschen und Bäume

Wir kennen uns
oder werden uns erkennen
als Geschwister

Wenn unter Tüchern
die Sonne finster wird
hängen wir
Ampeln mit grünem Licht
ins Hier

Heimchen werden singen
die Luft wird tanzen
am Fest unseres Einzugs
ins Märchen

Kindheit II

Milch des Morgens
sickert durchs Fenster
die Gasse ruft die Kinder
ich will mit ihnen spielen
in meinem Königreich

Es darf nicht sein
Allein verwalte ich mein Reich:
das Puppengeschlecht
Steinbaugüter
den papiergeschnittenen Pruth

Ängstlich bewache ich
meine Schatzkammer
Engel mit gespreizten Silberflügeln

Der Zauberer mit schwarzem Bart
verwandelte mich nachts
in eine Spielkarte
Piquedame das Zepter in der Rechten
Ich darf nicht weinen
weil mein Amt so hart
behüte da und dort die Zeit
ein Pendel zwischen
Milch und Schatten

Unter dem Balkon
spielen Kinder
meine Untertanen

Zirkus

Im Zauberraum
als Vogel im Flug
fange ich Sterne auf

Verwandelt
als Elefant
dreh ich euch allen
eine lange Nase

ziehe als Seehund
seidenschwarz
meine schnellen Kreise

In Purzelbäumen
laufe ich um die Wette
mit meinem Schicksal

Lache mir die Nase rot
und weine
weil das Spiel
zu Ende geht

Der Kahn

Deiner Ankunft gewärtig
mein Kahn
kennt deinen Schatten

Wo das Wasser sich spaltet
im Kahn geborgen
überlaß dich den Rudern
sie wissen den Weg

Ich ziehe die Sonnenuhr auf
sie liegt schon im Kahn
zeigerbereit

Hoffnung III

Häng eine Regenbogenfahne
über deine Hoffnung
die kämmt geduldig
das zähe Zukunftshaar
und singt ein Lied
das viele verlockt
mitzusingen

Januar

Januar
das neue Jahr

In mein Herz
fällt Schnee

Auf deinen Wangen
blühen Rosen

Das Schaukelpferd unsrer Kindheit
ist ein Schlitten
auf dem Eisweg
nach Sibirien
wo Schneemänner wachsen
aus dem Wintergeist

Mit dem Wintergeist
zurück
ins neue Jahr

Lauschen

Es heißt
zwischen den Zeilen
das Unsagbare
sagen

Sonne Sterne und Traum
erzählen
was vor deiner Geburt geschah
was nach deinem Tod sich ereignen wird

Es heißt
sie belauschen

Lichter

Das Glitzern des Glühwürmchens
begleitet den Schritt der Nacht

Darüber leuchtet der Honigmond
mit blondem Gesicht

Ringsum die Silbersterne
jeder Funke eine Welt
Pulsschläge des Raumes

Am Morgen
steigt das stärkste Licht
am Himmel empor
umwirbt die Erde
mit Strahlenworten

Wir
in Verbindung mit Lichtern
aus allen Zonen
halten die Lebensfackel
in unsrer sterblichen Hand

Liebe II

Nirgends wie hier
im Herzenshauch
wenn das Minutenmesser
den Tag zerschneidet
und alle Würfel verlieren
nirgends wie hier
bist du mehr
als du bist

Marianne Moore

Mit Vogelfeder
gezeichnet
ihr Gesicht

Jeder Strich
im mathematischen Muster
vom unbestechlichen Blick
gezogen

Kühles Versbild
dennoch
jede Figur durchwärmt
vom Blut ihrer Idee

Auf den Besuch von Peter Huchel

Mir träumte
ein Freund sei gekommen
der Welten erschafft

Er stand auf einem Stern
der ihn hastig entführte
rief mir ein paar
Sternworte zu

Meine Liebe
zu seinen Welten
winkte
Aufwiedersehn

Auf Wiedersehn

Ade
sagt heute keiner mehr

Wir wollen uns wiedersehn
hinter den Bergen
wo Schneewittchen schläft

Der Prinz
hat die Krone
verloren
in seine Almosenschale
fällt Staub

Die schwarzzüngige Zauberin
schlank und geschmeidig
bringt
den roten Zankapfel
grüßt herzlich
Servus
Auf Wiedersehn

Bist du nicht

Bist du nicht
das Mädchen
mit trotzigen Locken
im roten Album

Bauten wir nicht
gemeinsam
Schlösser aus Luft
in der Fliederallee
hinterm Maikäferbaum
wo wir am Knusperhäuschen
naschten

Die Hexe verfolgte uns
bis in den Feuertraum

Nicht wahr
du bist meine
Phönixgespielin
mit trotzigen Locken
im roten Album

Drehen

Mit dem Gedankenrad
sich drehen
um die Welt
die sich dreht
um sich selber

So drehen sich Worte
um andre Worte

Ein endloser Kreis
in dem sich
unendliche Kreise
drehen
mit uns
in uns

Du vergißt

Über deinem Atem
der Silberkranz der Sterne

Auf deiner Stirne blüht
das Märchen Leben

So reich geschmückt
vergißt du deinen Begleiter
den unscheinbaren Schatten
Tod

Ein bißchen

Wir haben
gegessen getrunken
bewundert protestiert
die Sterne bestaunt
ein paar Menschen geliebt

Wir haben
ein bißchen gelebt

Wir leben noch
ein bißchen

Eingeritzt

Bettler
streckt aus
seine Hand

Die Erde
wirft ihm
ein paar Sandkörner zu

Seine kalte Schulter
zeigt ihm der Mond

Traum Tischlein-deck-dich
Gold
Venustraum

Hunger und Träume
eingeritzt
in sein Gesicht

Ein Zeichen

Sag kein Sterbenswörtchen
ich lese deine Gedanken
in deinem Blick

Ich habe die Augensprache
erlernt
im Getto
als mein Mund
schweigen mußte

Ein Zeichen
mit dem Zeigefinger
ein tiefer Atem
ein Schritt ins Niemandsland

Wo sich die Sprachen
von Menschen und Dingen
treffen

Erwachen

Ich erwache

Der Traumfaden
führt mich zurück
ins Labyrinth aus Räumen
mit griechischen Säulen
wunderbar bemalten Plafonds

Auf einem Gobelin
steht das Einhorn
eine Silberwelle im Wald

Die Sonne
lächelt im Fenster

Hölzerne Dinge
sagen vergiß

Fragezeichen

Du sprichst mich an
Hat dein Wort mich erkannt?
Ich bin ein Fragezeichen
kein Punkt

Gäbe es

Gäbe es dich
Gott der Liebe
wir lebten noch heute
im Eden
Volk an Volk
du an du

Gäb es dich nicht
o Liebesgott
wir wären nicht

nichts wäre

Rückkehr I

Zur Rückkehr
gut ausgerüstet
die winklige Gasse
ausgraben
auf die der Himmel gestürzt war

Aneinandergelehnt die Häuser
raunten sich Sagen zu
Großvätererbe

Die fleißigen Frauen am Herd
kannten die Funkenzeichen
Hochzeit Gäste Tod

Wir kommen nicht weiter
verrostete Kupfermünzen Scherben

Wo stand der Kreuzgarten
Kein Kreuz
meldet die Stelle
keine Stelle zeigt
was wir suchen
wo wir uns wiederfinden

zur Rückkehr schlecht ausgerüstet
es fehlen ja unsere
lichtvertriebenen
Toten

Narben

Wenn der Tag
vernarbt ist
brechen auf
die Wunden der Nacht

Sternfälle
säumen den Traum
er fängt auf was ihm
in den Schoß fällt

Mir fällt
der Traum in den Schoß
eh mich der Schlaf überrascht
und die Nacht
vernarbt

Nächstes Ziel

Der Tag
geht seinen Stundenweg

Du folgst ihm
auf dem Zifferblatt

beschreibst
deinen Kreis
tagein tagaus

bis ein Ziel
dich erreicht

und du weitergehst
zum nächsten Ziel

Neugierig

Nacht schwarze Mutter
die meine Bilder gebärt

Im Traumorient
fallen die Schleier
ich hebe sie auf
für eine Hoch-Zeit

reite auf einer Lawine
vom Jungfernjoch
in den Schneefall

falle nicht
auf
ich gehe von Mensch zu Mensch
neugierig
werbistdu
Traumfreund

Hamlet

Hamlet
haßte die Mutter
weil er sie liebte

Törichte Fragen die
keiner beantworten kann

Ruhm der Torheit
Waten durch Unheil und Blut

Strahlender Mörder
der Selbstmordengel
berührte seine und
Ophelias Schläfe
mit dem Wahn
der Wahrheit

Pakt

Pakt mit Mephisto
er gibt dich Hexen preis
die tanzen dich
ins blendende Nichts

Was du schreibst verschluckt der
Augenblicksmoloch
er reißt dir
die Sätze vom Finger

Deine Feder sträubt sich
beim Schreiben der heiligen Namen
sie wollen ruhn in ihren Atomen

In Atem gehalten von Metamorphosen
Engel haben nicht Zeit
deine Fragen zu beantworten

Am Himmel stehn unverständliche Zeichen
vielleicht auch deine Handschrift
der Text von wem diktiert

Schreib
es bleibt dir nichts übrig
schenk deinen Atem
dem Echo

Kafkas Hungerkünstler

Im Käfig
stellt er sein Hungern
zur Schau

Die vor den Stäben stehn
die Mahlzeit verdaut
an die Sinne verteilt
mit fetten Fragen
betasten sie seine Kunst

Immer tiefer
hungert er
übt jede Finesse des Fastens
erprobt alle Eingebungen
an der Hungeridee

Sie wenden sich ab:
das Absolute langweilt

Salons

Das glitzernde Einst
der Salons
wo Brillanten
blitzten

Die Schleppen der Damen
drehten sich im Tanz
um zierliche Füße

Gedämpfte Konversationen
auf seidnen Sesseln

Ein Virtuose
spielte Chopin
auf dem Klavier

Frieden und Freude

während
hinter ehernem Vorhang
die Hungernden lagen

Schnee

Schnee fällt
die Welt wird weiß

In der Sonne
glitzert das Weiß
in allen Farben

Weiße Sterne
blühn in der Luft

Am Horizont
hinter den Bergen
sieh Schneewittchen
und die sieben Zwerge

Nachts
ist das Weiß schwarz
wie die finstere Königin
hinter den Bergen

Schneeschmelze

Schnee
Mit Augen die zwinkern:
ich hab Juwelen versteckt
lockt er die Schatzgier

Du stehst vor dem Tor
– geschlossenes Weiß –
und schmeichelst
öffne dich Sesam

Ein Spalt
goldener Speer
schlägt eine Bresche
ins Weiß
Lücke um Lücke

Smaragd und Rubin
geschmolzen
in Pfützen der Schmuck

Im schmutzigen Spiegel
kämmt Sonne
ihr Haar

Schlager

»Melonie«
»Minka«
vergessen

Wie haben die Damen
damals um sie gelitten

Kupfermünzen aufgefangen
im Hut
Vergelts Gott Gnäfrau

Das verrostete Drehorgellied
schenkt der Krüppel
dem Schneemann

Neue Namen
einen Tag lang
Gitarrengerühmt
Mondasche
morgen

Stimmen

Im Laub noch schlägt
elegisch
die Nachtigall

Bienenstimmen
honighell

Polyphon
die Luft

Hör des Dichters
Atemwort

Hör
dein eignes Wort

Tag und Nacht

Der Morgen hält
die Sonne im Arm
Ähren folgen
dem Wind auf den Wink
In halben Kreisen
fliegen Forellen
über dem Bach
Schwalben im Gesims
flügge geworden
wagen den Jungfernflug

Die Nacht hebt alles empor
zu den Sternen
die unsere fernen Nachbarn sind
Wir träumen die wundertätigen Sprachen
der fremden Welten
Legenden und Rhythmen
entlegener Länder
das Glanzwort
eines sterbenden Sterns

Tarngeist

Vom Ende zum Anfang
der Tarngeist geht
durch Wind verworrenes Haar
arglose und verkrustete Herzen

durch die gebrochene Stimme
der Greisen die ihr
eigenes Wiegenlied singt

durch den Schoß
der schwangeren Frau
ihre Frucht wächst im Wasser
aus dem Wassergeist
wächst Regen
ins wachsende Brot

Wir wachsame Träumer
wasserverwurzelt
im Luftschoß

vom Tarngeist
beschützt

Warum

Sie machen Krieg und
fragen uns nicht

Sie streuen uns
Sand in die Augen

Wir fragen

warum Menschen frieren und
hungern müssen

warum unsre Brüder
verbluten müssen

warum wir den »Feind« aus Menschen
ermorden müssen

warum wir nicht leben dürfen
friedlich und heiter
in Liebe zum Nächsten
wie es geschrieben steht
im Alten und Neuen
Testament

Du bist die Stimme

Sei mir gewogen
Fremdling
ich liebe dich
den ich nicht kenne

Du bist die Stimme
die mich betört
Ich hab dich gehört
ruhend auf grünem Samt
du Moosatem
du Glocke des Glücks
und der unsterblichen Trauer

Überholt

Zeit
die Verwandlerin

Ich war einmal anders
sagst du dem Spiegel
er glaubt es dir nicht

du Schneckengänger
du Schnelläufer

vom Sanduhrschritt
überholt

Weiterführen

Die Uhr tickt
deine Jahre tot

Kein Zeiger
zeigt
den Weg zurück

Der Zeitschritt
wird dich
jenseits
weiterführen

Wer trauert

Wer trauert mit mir
um den Verfall

Wütend vertreibt der Wind
die trillernde Lerche

Von Rosenblättern umrieselt
lächelt der Tod
und schaut ins Wasser
ein selbstverliebter Narziß

Wir Fragenden

Wir junges Leben
du alter Tod
fliegen aufeinander zu
werbend

Wir wissen
daß die Luft
nichts weiß
die unseren Atem füllt

Wir auf der Traumwaage
aufab Reitenden

Wir Fragenden
antwortlos

Zu Kurz

Schnee im Haar
komm ich zu dir

lege dir meine Worte
zu Füßen

Du
traurig wie ich
weil der Tag zu kurz
das Jahr zu kurz
das Leben zu kurz

um das vollkommene
JA
zu sagen

Gruß und Lebewohl

Mit dem Tod verlobt
ins Leben verliebt

der Erde hörig
ich liege
den Sternen zu Füßen

Komme zu dir
Staubverwandter
mit herzlichem Gruß
und Lebewohl

Die Nächsten

Du mütterliche Liebe die
stets gibt und nichts verlangt

und du mein Bruder
nächster Anverwandter
den ich liebe

Freund auch du
in dessen Geist
ich mich erkenne

und Dichter du
von deinen Worten verzaubert
bin ich anfangjung

und du Einsamer
den ich nicht kenne
ich leg dir meine Welt
zu Füßen

Zurück

Komm Freund
dieser gewundene Weg
führt ins Freie
Verbrüdert mit Blumen
und Drosseln
wir tragen die Zeit
auf der Schulter
hören den Pulsschlag der Erde
Dort unten im See
tanzt eine Nixe
sie kann uns verzaubern
in blaue Libellen
oder werweißwas
Ach es wird dunkel
komm Freund zurück
zu den Menschen

Einverständnis

Das Wunder wartet

Wir warten
auf Wunder

sprechen uns frei
von Schuld

sprechen die andern
schuldig

Wir lassen uns treiben
vom Wind
er läßt uns fallen

Das Wunder
wartet auf uns

Färben II

Ich schneide grün die Bäume
schaffe rosa Mädchen
blaue Verse

Ich färbe hell den Schnee
die Sonne gelb
finster die Nacht

Ich breche Silberflüsse
aus dem Weltenwasser
und goldne Berge
aus dem Himmelsglanz

Ich ruhe nimmer
färbe braun die Erde
das Brot

Fliehend

Ununterscheidbar
die Zeit und wir
den Balken im Aug

Wir hämmern
Türme
nageln durchkreuzte Wege
an unsre Sohlen

Fliehende Ziele

Frühling

Mit dem Akazienduft
fliegt der Frühling
in dein Erstaunen

Die Zeit sagt
ich bin tausendgrün
und blühe
in vielen Farben

Lachend ruft die Sonne
ich schenke euch wieder
Wärme und Glanz

Ich bin der Atem der Erde
flüstert die Luft

Der Flieder
duftet
uns jung

Gehen

Gehen
wohin dein Frageblick
träumt

in die äußerste
Gegenwart

Unruhe

In meinem Zimmer
rosenhäutig
sprießt Sommer

Er teilt mein Lager
sitzt mit mir am Tisch
baut Wolkennester
im Fenster
für Wasserschwalben

Er hört mich nicht
sieht mich nicht
läßt mich nicht
in Frieden

Wenn ich vergehe

Wenn ich vergehe
wird die Sonne weiter brennen

Die Weltkörper werden sich
bewegen nach ihren Gesetzen
um einen Mittelpunkt
den keiner kennt

Süß duften wird immer
der Flieder
weiße Blitze ausstrahlen der Schnee

Wenn ich fortgehe
von unsrer vergeßlichen Erde
wirst du mein Wort
ein Weilchen
für mich sprechen?

Es war einmal

Als ich
Mutter sang
atmendes Glück

Ein Vogelchor
vor dem Fenster
sang mit

Auch jetzt singen Vögel
vor meinem
fremden Fenster

Ich singe
nicht mit

Märchengesicht

Im Himbeerbeet
blüht deine Trauer

Rote Worte
ein Herz aus Geduld

Deine Schwermut
umarmt
ein Märchengesicht

Die Zeit II

Die Zeit
ist mein Freund
mein Feind

Ich esse ihre Süßfrüchte
trinke ihren Wermut

Jede Stunde
ist meine Stunde
Staunen

Künstlich

Heimgekehrt
in die Fremde

Menschen haben nicht
Zeit
zu lieben

Sie züchten
künstliche Rosen
und schaufeln ein Grab
für Dornröschen

Sein Schlaf
blüht

Wünsche

Ich möchte ein Magnolienbaum sein
jeden Mai blühen

Eine Nachtigall möchte ich sein
mit süßer Stimme

oder ein Berg
von der Sonne umarmt
reingewaschen vom Regen
endlose Gipfelschau
ein Jahrtausendeleben

Nein
kein Magnolienbaum möchte ich sein
keine Nachtigall
auch kein Berg

Ich will ich sein
Menschen lieben
Weltspuren folgen
und wenn der Sprachgeist erlaubt
mit einigen Worten
meinen Tod überleben

Worte

Ich bringe euch
Worte

aus Buchen und Fichten
vom »Buchenwald«

von den Wogen
des Atlantischen Ozeans

von Brücken und Palästen
Venedigs

von Israels
horatanzender Jugend

aus meinem Traum
vom Frieden

Die Entkleidete

Durch viele Entkleidungen
geht sie

liegt im Sterngestrüpp
mit entblößten Schenkeln

Dem Frühling und den
blühenden Vögeln
ist sie nicht begegnet

In der Spelunke
das Gespenst
reißt sie an sich
und verriegelt die Tür

Daheim

In der Fremde
daheim

Land meiner Muttersprache
sündiges büßendes Land
ich wählte dich
als meine Wohnung
Heimatfremde

wo ich viele
fremde Freunde
liebe

Wer trauert

Wer trauert mit mir
um den Verfall

Wütend vertreibt der Wind
die trillernde Lerche

Von Rosenblättern umrieselt
lächelt der Tod
und schaut ins Wasser
ein selbstverliebter Narziß

Menschlich II

Wenn man lang
in die Wolken blickt
sieht man oft
Ungeheuer und Engel

Auch das Laub hat
viele Gesichter
Manchmal erkenne ich
einen Freund
im Blattwerk

So menschlich werden zuweilen
vertraute Dinge

Aber die Menschen
sind Rätsel
die ich lösen möchte

Epoche

Jeder Tag
zündet sein eigenes Licht an

Der nächste Tag
löscht es aus

Kopflose Tage
stecken die Köpfe zusammen
Kriegsberatung
zum Frieden

Friedfertige Völker
führen Krieg
gegen die Zeit

Die Zeit verbindet
die Tage zum Jahr
Jahre zur Epoche

Unsere Tage
in einer Fieberepoche

Einverständnis II

Die Rose und ich
duzen einander

aus dorniger Gewohnheit
blühendem
welkendem
Einverständnis

Dem Meer zu

Meine gefrorenen Worte
sind aufgetaut
fließen durch fremde Länder
dem Meer zu
dem sie gehören

Meine Worte
grüßen jeden
dem sie unterwegs
begegnen

Bauen

Ameisen bauen den
mathematischen Staat

Wir bauen
den Satz

Getroffen

Augenblicksbogen
gespannt
von Wort zu Wort

Ins Mark getroffen
schießt der Gedanke
ins Herz des Gedichts

Hauchball

Ich werfe dir zu
einen Gedanken

Hauchball

zurück
zu mir
zu dir
zu mir

Worte
wirf sie nicht
über den Haufen

Manchmal

Manchmal
spricht ein Baum
durch das Fenster
mir Mut zu

Manchmal
leuchtet ein Buch
als Stern
auf meinem Himmel

Manchmal
ein Mensch
den ich nicht kenne
der meine Worte
erkennt

Die Blinden sehen

Die Blinden sehen
die Luft von kreischenden
Maschinen zerschnitten
sie hören Stimmen
von Orgeln und Menschen
und zischenden Mephistos
sehen das kühle Mitleid
des Nachbarn im
Knistern seiner Bewegungen
die glitzernde Stille
der Sterne und
das lautlose Gleiten
des erblindeten Monds

Bis II

Dies Blumenbeet
bunt wie das Leben

Unser Sommer
mein und dein Trost

Wir Brüder
fremd und verzaubert

bis in die Asternzeit
bis in die Eiszeit
aus Freude und Angst

Mensch geworden

Als sie mich in den Kerker warfen
glaubte ich ihnen nicht
denn ich war eine Schwalbe
träumte Sommer und Flug

Als sie mich freiließen
glaubte ich ihnen
denn ich war Mensch geworden
flügelleer hungrig allein

Färben

Trommelfeuer weckte
die schlafende Zeit

Wir standen auf
in Mondfinsternis
ein Kometenschweif zerschnitt
die Nacht

*

Die Schiffswand weiß
weiße Möwen begleiteten uns
das neue ABC
war weißgekalkt

Wir färbten jeden Buchstaben
mit Hoffnung

Es heißt

Es heißt
das Meer sei rund
die Erde rund
der Himmel rund

Kann
so viel Rundes
so viele Ecken haben

Neuer Tag neue Nacht

Es kommt
ein neuer Tag
eine neue Nacht

Wir reisen auf Schiffen
aus Träumen
in den Tag
in die Nacht

Rufen
hallo lieber Mond
guten Morgen liebe Sonne
gute Nacht liebe Nacht

Schenkt mir
eure wahren Märchen
schenkt mir
einen neuen Tag
eine neue Nacht

Nicht vorüber

Was vorüber ist
ist nicht vorüber
Es wächst weiter
in deinen Zellen
ein Baum aus Tränen
oder
vergangenem Glück

Auch deine Trauer

Alles in Blüte
aber du trauerst
um Eisblumen
Schnee und Schlittenpartie

Ein Freund ruft
Frühling
einen andern hat
das Erdbeben zerstört

Wein und Tanz
trösten dich nicht

Alles in Blüte
auch deine Trauer

Schweigen

Hinter allen Worten
das Schweigen

Die Welt geht unter
wenn die Nacht
das Licht verschlingt
die Erleuchtung einschläft
und kein Taubentraum
erwacht

Ein blinder Engel
küßt
deine Stirn

Staubmeer

Das Meer
seine Bewegung
sein Rauschen
seine Farben

Durch unsern immerbewegten
Körper
rauscht der Lebensstrom

Weltgefärbt
färben wir die Welt
mit Gedanken

münden
ins Staubmeer

Bergbesteigung

Jener Berg
aus metallenen Bäumen

Wir stiegen
in die steigende Sonne

Vom Gipfel umarmt
standen wir im Purpurlicht
auf dem Zenit der Welt

Unter uns
kreiste der Erdsmaragd
die Luft sang eine Hymne
ans leuchtende Blau

Wir verloren Gewicht
und Namen
unser Körper war ein Auge
unser Atem trank
den Atem der Landschaft

Aprilwind

Ich will nicht
nach deiner Pfeife tanzen
Aprilwind

Ich möchte wecken
die Maitöne
in meiner Flöte
die schnitzte ein
Hirt in Humora
in der Baumzeit
lang vor der Stacheldrahtzeit

aus dem Steingewicht
winde ich mich
übe prüfend
den Maischritt
den Flug

Unter bemoostem Stein
die Flöte begraben
wirf den Stein um
Aprilwind

Härter der Flötenton
heute

Tanz nach meiner Pfeife
Aprilwind
komm mit mir
zur Maimutter
vielleicht weckt sie
den sanfteren Ton
in der Flöte

Geburtstag im Mai

Flieder verführt mich
zum Schwur
ich bin ein Atem
im Mai

Die blauen Adernflüsse
wer nimmt ihre Mündung wahr

Welcher Anteil
haben die Sterne
an meinem Traum

Im Maiglöckchenraum
dem störrischen Stier
geweiht

Der Widerspruch
steckt mir als Angel
im Blut

Im Maifeuer

Noch trag ich
die sterbliche Hülle
noch ist mein Atem vertraut
mit dem Atem der Erde

Im Maifeuer
werd ich geläutert
Gespenstern weis ich die Tür
doch manche sind stärker
und rühren erschreckend mich an
ich höre ihr Todesherz pochen

In dir

Über dir
Sonne Mond und Sterne

Hinter ihnen
unendliche Welten

Hinter dem Himmel
unendliche Himmel

Über dir
was deine Augen sehen

In dir
alles Sichtbare
und
das unendlich Unsichtbare

Kreidekreis

Tritt aus dem Kreidekreis
Gib der Mutter
das Kind zurück

Die Zeit
reißt es an sich
läßt es wachsen
bis an den Frühling
der Liebe

Im Sommer fliegen
die schönen Blumenengel
hurtig vorüber

Nimm aus der Herbsthand
den Apfel
den nicht verbotenen

ehe der Winter
ihn frißt

Kühl

Vielfältiger Geist
dein Haar aus
Wasser und Wind
flattert
im Nacken der Nelke

Kühl
wächst das Wunder
im Kelch

Lauernd

Auf der Lauer
steht der Tag
hinter der Nacht

Still liegt sie
hinter dem Tag
in ihren Sternen

Der Tag liegt
uns im Ohr

Liebe III

Wir werden uns wiederfinden
im See
du als Wasser
ich als Lotusblume

Du wirst mich tragen
ich werde dich trinken

Wir werden uns angehören
vor allen Augen

Sogar die Sterne
werden sich wundern:
hier haben sich Zwei
zurückverwandelt
in ihren Traum
der sie erwählte

Nacht-Tag

Die Nacht
ist meine dunkle Kraft
mein Traumreich

Der Tag ist
mein Beschützer
und Verführer
Er findet mich
wenn ich mich verliere

Nebel III

In der Nebelzeit
das Nebelgeschlecht

Umnebelte
Worte

Im Nebel
verlieren Fahnen
ihre Farben

scheinen
fast
weiß

Hinaus

Ich öffne
alle Türen

Die Welt
flutet herein

flutet mit mir hinaus
zu blühenden Bäumen
leidenden Brüdern

Herbstlich

Nußbaumblätter
dies Frühlingsaroma im Herbst

Die Schwalben
zogen davon

Bäume aus Gold
so blüht das Sterben
auch in den bunten Dahlien

Immer kürzer das Licht
lang ist die Nacht
wie der Widerspruch
des tödlichen Lebens

Friedhof

Hier
fällt kein Apfel

Rechteckig verteilt
die Erde
lebt gut mit Würmern

Bäume trauern nicht
ihre Wurzelfinger
grüßen die schlafenden Schädel

Immer tiefer
sinken Gebeine
ins Erdgedächtnis

unter rotwangigen Blumen
und Vergißmeinnicht

Abend I

Ohne Vorwand
tritt er ein
Inhaber des Hauses

nimmt meine Hand
in die seine
Ich überlasse sie ihm
der ein Anrecht hat
auf alles das ich tue
und denke

Auch draußen
bekundet er seine Zuversicht
schwenkt eine Fahne
    (sie erinnert an Amerika)
aus hell-dunklen Streifen
und Sternen

Ich erkenne sie an
als sein Wahrzeichen
und ihn als meinen Herrn
der meine Heimatlosigkeit
bestirnt

Neujahr

Es schneit
Neujahrswünsche

Briefvögel
aus aller Welt
kommen geflogen

Boten
bringen Geschenke

Wir freuen uns zurück
ins vergessene Land

hören wieder die Worte
»Liebe deinen Nächsten
wie dich selbst«

Nachwort

Helmut Braun

Rose Ausländer – Zur Biographie

Rose Ausländer, geb. 1901, aufgewachsen in Czernowitz in der Bukowina, dort Schulbesuch, 1 Jahr Universität, Studium der Literatur und Philosphie. Erste Publikationen in Czernowitzer Zeitungen, erste Buchveröffentlichung 1939 »Der Regenbogen«, Gedichte, im Verlag Literaria, Czernowitz. Von 1941 an Verfolgung durch die Nationalsozialisten, von Herbst 1941 bis März 1944 im Ghetto in Czernowitz, überlebte mit der Mutter und einem Bruder im Kellerversteck. 1946 Auswanderung in die USA, 1964 Rückkehr nach Europa, lebt seit 1965 in Düsseldorf.

So oder so ähnlich wird bisher die Biographie der deutsch-jüdischen Dichterin Rose Ausländer wiedergegeben. Gelegentlich wird in größeren Arbeiten, zum Beispiel von J. P. Wallmann oder J. Serke, der Biographie etwas Farbe beigegeben durch Verweise auf das harmonische Elternhaus; durch Hinweise auf die einerseits jüdische, andererseits deutschkulturell geprägte Atmosphäre des Lebens in der Kinder- und Jugendzeit; den Begegnungen mit Paul Celan wird unterschiedliche Bedeutung zugemessen. Gelegentlich kursieren auch Gerüchte, die Autorin hätte sich bereits frühzeitig in den USA aufgehalten, oder es wird von interessierter Seite behauptet, sie wäre nicht im Ghetto in Czernowitz gewesen.

Während ab Mitte der siebziger Jahre das dichterische Werk der Rose Ausländer große Aufmerksamkeit fand und sich durch rasche Verbreitung ein breites Lesepublikum sicherte, blieb die Biographie bruchstückhaft, und durch äußerst knappe Angaben der Autorin selbst liegen viele ihrer Lebensabschnitte im Dunkeln.

Wie nicht anders zu erwarten, setzte eine Legendenbildung ein, die bedauerlicherweise den Blick auf den Zusammenhang zwischen Biographie und Werk nicht erhellte, sondern lediglich verstellte. Es ist somit an der Zeit zu versuchen, die reale Biographie der Autorin Rose Ausländer aufzuzeichnen, oder doch zumindest den Versuch zu unternehmen, der realen Biographie möglichst nahe zu kommen und somit für alle, die sich intensiv mit dem Werk der Autorin befassen wollen, eine fundierte Hilfe anzubieten.

Rose Ausländer gewährte mir etwa ab März 1981 Einblick in die bei ihr angesammelten Briefe, Dokumente, Manuskripte, Aufzeichnungen und Unterlagen. Sie selbst konnte, bedingt durch ihren schlechten Gesundheitszustand, kaum weitere Hinweise liefern, das eigene Leben ist ihr nicht mehr präsent. Das vorliegende Material weist erhebliche Lücken auf. Noch vorhandene weitere Auskunftspersonen sind mittlerweile selbst alt geworden, können oder wollen sich an vieles nicht mehr erinnern. Es ist deshalb denkbar, daß auch der folgende Versuch einer Annäherung an die reale Biographie der Rose Ausländer noch fehlerhaft ist und in Teilen wiederum korrigiert werden muß. Soweit es sich nur um Vermutungen oder Kombinationen nach vorhandenen Unterlagen handelt, wird im Text darauf verwiesen. Wenn auch Fehler und Abweichungen im Detail wahrscheinlich sind, der Rahmen der Lebensgeschichte von Rose Ausländer ist jedoch erfaßt und mittlerweile mit Sicherheit absteckbar, die für ihre Entwicklung bestimmenden Faktoren sind bekannt, viele Ereignisse, wie die Ortswechsel, an Hand von Dokumenten und Publikationen, die sich in Archiven erhalten haben, belegbar.

In den letzten Jahren gab Rose Ausländer ihr Geburtsjahr mit 1907 an. Gelegentlich tauchten früher andere Jahresangaben auf, die zwischen 1905 und 1918 lagen. Beibehalten wurde dabei immer der 11. Mai als genauer Geburtstag. Aus der vorliegenden Abschrift der Geburtsurkunde aus dem Geburtsregister der Stadt Czernowitz für das Jahr 1901, Folge XV, Seite 282, Registriernummer 261, ist ersichtlich, daß Rose Ausländer als Rosalie Scherzer am 11. Mai 1901 geboren wurde. Sie ist die legitime Tochter des Süssie, alias Siegmund Scherzer und seiner Ehefrau Etie Rifke Scherzer, geb. Binder. Bei der Geburt half die Hebamme Tessi Silberstein. Am 18. Mai 1901 erhielt das Mädchen den ersten Namen Rosalie, ihr zweiter Name lautete Beatrice, später kam als jüdischer Vorname Ruth hinzu.

Der Vater war vermutlich K. u. K.-Beamter (gelegentlich wird er auch als Privatbeamter in leitender Stellung oder als Geschäftsführer bezeichnet), später Vertreter, er wurde um 1872 geboren, sein Todesdatum wird unterschiedlich angegeben. Manchmal heißt es, er sei bereits 1920 verstorben, an anderer Stelle wird das Todesjahr mit 1939 angegeben. Das Jahr 1920 erscheint mir derzeit das wahrscheinlichere Todesjahr des Vaters zu sein, unter anderem weil mir Rose Ausländers Bruder, Max Scherzer, im

Februar 1982 in einem Brief schrieb: »Was den Tod meines guten Vaters betrifft und soviel ich mich nach so langer Zeit erinnern kann, so war mein Vater so kaisertreu, daß er den Zerfall der österreich-ungarischen Monarchie nicht verschmerzen konnte und einige Zeit nach dem Ersten Weltkrieg starb.« Auch Rose Ausländer gab 1961 in einer Bewerbung um ein Förderstipendium einer jüdischen Organisation in New York das Todesjahr des Vater mit 1920 an. Die Mutter wurde 1884 geboren, sie starb 1947 in der Nähe von Bukarest. Rosalie war das zweite Kind der Eltern. Der vor ihr geborene Bruder starb jedoch bereits im Alter von eineinhalb Jahren. Der jüngere Bruder Maximilian Scherzer wurde 1906 geboren. Er lebte bis Ende 1945 in Czernowitz, bis 1963 in der Nähe von Bukarest, seit 1965 hält er sich in New York, USA, auf.

Eine der frühesten Erinnerungen der Autorin ist die an einen Unfall im Jahre 1906. Rosalie kam damals unter ein Pferdefuhrwerk bei dem Versuch, die Straße zu überqueren, um zum heimkehrenden Vater zu gelangen. Sie hat dies in ihrer Erzählung »Warum« anschaulich geschildert. In den Jahren 1908 – 1912 besuchte das Mädchen die Volksschule in Czernowitz, von 1912 – 1919 das Mädchenlyzeum in Czernowitz, dieses Lyzeum schloß sie mit der Reifeprüfung ab. Die Schulzeit wurde um ungefähr vier Jahre unterbrochen. Da Czernowitz während des Ersten Weltkrieges von den Russen besetzt war, floh die Familie zu Verwandten, zuerst nach Budapest und dann nach Wien. Sie hielt sich dort in den Jahren 1916 – 1918 insgesamt etwa zwei Jahre lang auf. Im Sommersemester 1920 und im Wintersemester 1920/21 studierte Rose Ausländer an der Universität Czernowitz Literatur und Philosophie. Bereits seit Mitte 1919 gehörte sie dem »Ethischen Seminar« des Dr. Kettner in Czernowitz an. Dieses ethische Seminar war ein Studienkreis, der sich insbesondere mit dem Werk des Philosophen Constantin Brunner befaßte, eines jüdischen Philosophen, der sich auf Spinoza beruft. Zwangsläufig führte die Beschäftigung mit dem Werk des Constantin Brunner somit auch zur Beschäftigung mit den Werken anderer Philosophen, wie Spinoza, Platon und schließlich auch zur Beschäftigung mit dem Werk Sigmund Freuds. Wie damals in Czernowitz in den Kreisen des jüdischdeutschen Bildungsbürgertums üblich, gehörte Rosalie Scherzer auch verschiedenen anderen Kreisen und Zirkeln an, die sich mit Literatur und Philosophie befaßten. Ein vermutlich für das philosphische Seminar an der Universität geschriebener Essay »Phaidros«, der sich mit diesem Werk Platons auseinandersetzt, ist im Manuskript erhalten geblieben. Andere von der Autorin erwähnte essayistische Arbeiten sind derzeit nicht auffindbar. Bekannt ist allerdings, daß sie einen Essay über Freud in einer Prager Zeitschrift veröffentlichen konnte. Rosalie Scherzers Studieninteresse galt neben der Philosophie, mit der sie sich übrigens ihr Leben lang beschäftigt hat, der klassischen deutschen Literatur sowie der damaligen deutschen Gegenwartsliteratur aus den ersten 20 Jahren unseres Jahrhunderts. Längere Zeit verehrte sie Kraus, wurde von Trake und Georg Heym beeinflußt. Einfluß hatten auf sie aber auch regional bedeutungsvolle Dichter der Bukowina.

1921 endeten die trotz Krieg, Vertreibung und Tod des Vaters glücklichen Kinder- und Jugendjahre. Bis dahin war Rose Ausländer eingebettet in eine anscheinend intakte, liebevolle Familie. Sie konnte in einer angenehmen, kulturbewußten Umwelt aufwachsen und erwachsen werden. Im April 1921 jedoch verläßt sie Czernowitz in Begleitung ihres Studienfreundes Ignaz Ausländer und wandert in die USA aus. Nach einer Angabe von Alfred Kittner, einem Zeitgenossen von Rose Ausländer, der auch ein langjähriger guter Bekannter und Freund der Dichterin war, erfolgte diese Auswanderung wegen bitterster Not der Familie. Nach dem Ersten Weltkrieg wurden Czernowitz und die Bukowina von Österreich abgetrennt und Rumänien zugeschlagen. Der Ernährer der Familie, der Vater, verlor seine Erwerbsquelle. Die materielle Existenz der gesamten Familie konnte in der Folgezeit nicht mehr sichergestellt werden. Nach dem Tod des Vaters 1920 (?) mußte sich diese Situation zwangsläufig noch verschärfen. Die gewählte Lösung, die Auswanderung der ältesten Tochter, wurde vermutlich dadurch akzeptabel, daß in jenen Jahren viele Juden die Bukowina verließen und in die USA auswanderten, und auch dadurch, daß die Familie Scherzer bereits Verwandte in den USA hatte, die bereit waren, die junge Frau für eine Übergangszeit bei sich aufzunehmen. Rosalie Scherzer und Ignaz Ausländer hielten sich zunächst in dem kleinen Ort Winona in Minnesota auf, sie kamen dann in die Stadt Minneapolis/St. Paul. Hier fand Rosalie Arbeit als Hilfsredakteurin bei der deutschsprachigen Zeitschrift »Westlicher Herold«, deren Besitzer und Herausgeber Emil Leisten war. Kurze Zeit später wurde ihr auch als Redakteurin die Betreuung der Anthologie »Western Herold Kalender« übertragen. Diese Aufgabe erfüllte sie von 1921 – 1927, zuerst analog ihrer Tätigkeit bei der Zeitschrift, später, als sie nach New York umgesiedelt war, neben ihrer Tätigkeit in einer Bank. Sie hatte auch in den Jahrgängen 1921–1926 dieser Kalenderanthologien die Möglichkeit, erstmals eigene Gedichte zu veröffentlichen.

Ende 1922 übersiedelte sie wieder zusammen mit Ignaz Ausländer, der sich in den USA Irving Ausländer nannte, nach New York. Sie fand Arbeit in einer Bank. Beide fanden sehr schnell Anschluß an das von Czernowitzer Juden in New York gegründete Bukowiner Sozial- und Kulturwerk. Verbindungen, die damals entstanden, wie die Freundschaft zu Dr. Walter Bernard, haben die Zeit bis heute überdauert. Zusammen mit diesem Dr. Bernard und anderen gründeten Rosalie Scherzer und Ignaz Ausländer einen Brunner-Kreis, der sich wieder mit dem Werk des Philosophen Constantin Brunner befaßte. Dieser Kreis bestand bis etwa 1927, wurde zeitweilig sogar von dem Begründer des Czernowitzer ethischen Seminar Dr. Kettner geleitet, der den New Yorkern allerdings verschwieg, daß er sich zwischenzeitlich mit dem Philosophen Brunner überworfen hatte.*

Am 19. Oktober 1923 heiratete Rosalie Beatrice Scherzer Irving (Ignaz) Ausländer in New York. Laut vorliegender Heiratsurkunde war Irving Ausländer damals Leiter einer Automobilgarage.

Vermutlich 1924 lernte Rose Ausländer Alfred Margul-Sperber kennen, der zur damaligen Zeit in New York Prokurist einer Bank und Leiter des Bukowiner Kulturwerkes war. Er wurde in den folgenden Jahren ihr eifrigster Förderer. Ihre Veröffentlichungen in den Czernowitzer Zeitungen in den dreißiger Jahren gehen auf seine Initiativen zurück; er betreute auch als Herausgeber ihren ersten Gedichtband. Als Alfred Margul-Sperber 1925 New York verließ, nahm er die Gedichte von Rose Ausländer mit und schrieb bereits 1928 im Czernowitzer Morgenblatt, daß eine der größten dichterischen Begabungen, die ihm bekannt seien, zweifelsohne Rose Ausländer wäre. Mitte 1924 beginnt Rose Ausländer auch einen Briefverkehr mit Constantin Brunner, dessen Ehefrau und dessen Tochter Lotte. Dieser Briefwechsel ist teilweise erhalten geblieben.** Er zeigt unter anderem die »Philosophiehörigkeit« der jungen Rose Ausländer, die in Brunner ihren »Meister« verehrt. 1926, nach fünfjährigem

* Vgl. Eli Rottner »Das ethische Seminar in Czernowitz – Die Wiege des internationalen Constantin-Brunner-Kreises«, Dortmund 1973, S. 95 ff.
** Die Briefe befinden sich im Original im Leo-Baeck-Institut New York.

Aufenthalt in den USA, nimmt Rose Ausländer die amerikanische Staatsbürgerschaft an. Offensichtlich plante sie, sich auf Dauer in den USA aufzuhalten.

Nach knapp dreijähriger Dauer ist die Ehe mit Ignaz Ausländer gescheitert. Rose Ausländer trennt sich von ihm und reist nach Berlin zu Constantin Brunner. In Berlin hält sie sich in der zweiten Jahreshälfte 1927 mehrere Monate auf und verkehrt regelmäßig im Hause Brunner, wobei eine Freundschaft zu Lotte, der Tochter des Philosophen, entsteht. An den Aufenthalt in Berlin schließt sich ein Besuch bei der Familie in der Heimat an. Aus dem geplanten kurzen Besuch wird ein knapp einjähriger Aufenthalt. Ihre Mutter war schwer an Herzasthma erkrankt und mußte gepflegt werden. Erst Ende 1928 kehrt Rose Ausländer nach New York zurück. Sie lebt in New York mit Helios Hecht zusammen, einem Graphologen, Schriftsteller und Herausgeber verschiedener Literaturzeitschriften, der später auch in der Bukowina Bedeutung erlangen sollte. In den Jahren 1929 und 1930 publiziert Rose Ausländer Gedichte in der deutschsprachigen »New Yorker Volkszeitung«. Sie beendet in dieser Zeit ihren Gedichtzyklus »New York«, der später in Czernowitzer Zeitungen bruchstückweise veröffentlicht wurde und von dem darüber hinaus einige Gedichte im Manuskript erhalten geblieben sind. Seit 1929 betreibt Rose Ausländer die Scheidung von Irving Ausländer. Am 8. Mai 1930 wird die Ehe von dem Obersten Gerichtshof des New Yorker Districts endgültig geschieden.

Anfang 1931 kehrt Rose Ausländer, zusammen mit Helios Hecht, nach Czernowitz/Rumänien zurück. Der Gesundheitszustand der Mutter hat sich erneut verschlechtert; sie benötigt in den Folgejahren dauernde Pflege.

Noch im Jahr der Rückkehr beginnt für Rose Ausländer eine rege Publikationstätigkeit. Viele ihrer Gedichte wurden in Czernowitzer Zeitungen, so in der Zeitschrift »Der Tag«, publiziert. Gedichte erschienen auch in der Kronstädter Literaturzeitschrift »Klingsor«; sie veröffentlichte Gedichte und Essays in Prager Literaturzeitschriften, in Anthologien wie »Buchenblätter« wurden ihre Texte berücksichtigt, und als Herausgeber stellte Alfred Margul-Sperber den Gedichtband »Der Regenbogen« zusammen, der Gedichte aus den Jahren 1927 – 1933 enthält, 1935 durch den Herausgeber abgeschlossen war und schließlich im September 1939 im Verlag Literaria in Czernowitz erschien. Bis Ende 1940 war sie als Mitarbeiterin des »Czernowitzer Morgenblattes« tätig. Buch- und Theaterkritik, Berichte aus dem allgemeinen Kulturleben der Bukowina und der Stadt Bukarest waren ihre Arbeitsgebiete. Sie wechselte deshalb auch häufig den Wohnort und pendelte zwischen Czernowitz und Bukarest hin und her. Da anscheinend weder die Publikation der eigenen Gedichte noch die journalistische Tätigkeit ausreichten, ihren Lebensunterhalt auf Dauer zu sichern, erteilte sie nebenbei Englischunterricht.

Gegen Ende der dreißiger Jahre erkennen ihre amerikanischen Freunde, welche Gefahren mit der sich ankündigenden Naziherrschaft über Rumänien für die Jüdin Rose Ausländer drohen. Dr. Walter Bernard verschafft ihr, der die amerikanische Staatsbürgerschaft 1934 nach dreijähriger Abwesenheit wieder aberkannt worden war, die Einreisemöglichkeit nach New York über eine notariell beglaubigte Einladung des Gesellig Wissenschaftlichen Vereins von New York vom 20. 3. 1939 für eine Serie von kulturellen Veranstaltungen, die sie gestalten soll. Rose Ausländer nimmt diese Gelegenheit wahr. Kaum ist sie jedoch in New York angekommen, erleidet ihre Mutter in Czernowitz einen gesundheitlichen Rückfall. Abwägend, ob sie in New York bleiben soll und sich damit persönlicher Gefahr entziehen kann oder ob sie nach Rumänien zurückkehren soll, um dort ihre Mutter weiterzupflegen, entschließt sie sich, nach Rumänien zurückzukehren. Bereits Mitte 1939 ist sie wieder in Czernowitz.

Vom Erscheinen ihres Buches »Der Regenbogen« im September 1939 an, versucht sie tatkräftig die Verbreitung dieses Bandes zu unterstützen. Das Buch einer Jüdin wird jedoch in Deutschland nicht mehr zur Kenntnis genommen. Die Presse der Bukowina, auch rumänische Zeitschriften und Zeitungen, und Zeitschriften in der Schweiz äußern sich über den Gedichtband »Der Regenbogen« begeistert, teilweise enthusiastisch. Schriftsteller wie Manfred Hausmann oder Hans Carossa bekunden ihre Wertschätzung der Ausländerschen Gedichte. Ein Erfolg beim Publikum bleibt der Autorin jedoch versagt. Rumänien und Deutschland verbünden sich, der nationalsozialistische Terror gegen die Juden in Rumänien beginnt. Die Restauflage ihres Buches wird vernichtet. Der jüdische Verleger ist ähnlichen Verfolgungen ausgesetzt wie seine Autorin und wird nach der Entlassung aus dem Ghetto 1944 nach Sibirien verschleppt, wo er gestorben ist. In einer kurzen Notiz, die sie im Dezember 1962 aufsetzte, hat Rose Ausländer festgehalten: »In Czernowitz ansässig, hatte ich unter der Judenverfolgung, die im Sommer

1941 begonnen hat, sehr zu leiden. Ich war nicht nur den bekannten und menschenunwürdigen Beschränkungen unterworfen, sondern wurde auch zu überaus schweren Zwangsarbeiten herangezogen und im Ghetto von Czernowitz unter entsetzlichen und unhygienischen Bedingungen festgehalten. Die Zwangsarbeiten, die ich bei Straßen- und Verladearbeiten sowie bei verschiedenen anderen Arbeitsgelegenheiten leistete, waren sehr anstrengend, und die Behandlung war brutal und unmenschlich. Ich wurde oft und schwer mißhandelt und mit dem Tode bedroht. Ich lebte in namenlosem Elend und in Angst vor meinem weiteren Schicksal und der immer wieder angedrohten Deportation nach Transnistrien.«

Die Einweisung ins Ghetto nach Czernowitz erfolgte sofort bei dessen Gründung im Oktober 1941.

Ihre Mutter und der Bruder Max und dessen Frau werden ebenfalls mit ins Ghetto eingewiesen. Die Familie lebt dort bis Anfang 1943 in der Strada 11, Nombrie 21 A/13. Obwohl sie und ihre Familie den von ihr beschriebenen entsetzlichen Zwängen unterworfen waren, muß es doch als großes Glück für sie bezeichnet werden, daß sie nicht sofort 1941 nach Transnistrien deportiert wurde. Dort, zwischen Bug und Dnjestr, waren die Vernichtungslager für die rumänischen Juden eingerichtet worden, und dorthin wurden im Laufe der Zeit von den etwa 60 000 Czernowitzer Juden etwa 55 000 verschleppt, von denen nur wenige die Qualen und Leiden in diesen Lagern überlebten.

Im Oktober 1942 unternimmt Rose Ausländer einen letzten verzweifelten Versuch, dem Ghetto zu entkommen. Sie wendet sich an die Schweizer Botschaft in Bukarest, die die Interessen der Kriegspartei USA in Rumänien vertritt. Unter Berufung auf ihre ehemalige amerikanische Staatsbürgerschaft versucht sie, eine Ausreisegenehmigung in die USA zu erhalten. Die Antwort der Schweizer Botschaft vom 28. Oktober 1942 ist im Original erhalten geblieben. »... teile ich Ihnen nunmehr mit, daß der Beschluß der zuständigen amerikanischen Behörden der Spezialabteilung nicht erlaubt, Ihnen irgendwelchen Schutz als Staatsangehörige der Vereinigten Staaten angedeihen zu lassen. Die zuständige Stelle hat nach Prüfung Ihres Falles entschieden, daß Sie nach amerikanischem Gesetz als ›voraussichtlich expatriiert‹ zu gelten haben. Die einzige Möglichkeit, die Ihnen demnach bleibt, Ihre amerikanische Staatszugehörigkeit einer neuen Prüfung durch die amerikanischen Behörden unterziehen zu lassen, besteht in einem Gesuch zur Rückkehr in die Vereinigten Staaten, das Sie im Zeitpunkt einreichen müssen, wenn eine solche Reise wieder möglich ist, was vor Kriegsende kaum der Fall sein dürfte. Ich bedaure, Ihnen keinen besseren Bescheid geben zu können, und mache Sie gleichzeitig darauf aufmerksam, daß weitere Rückfragen Ihrerseits in der Angelegenheit zwecklos sind. Mit vorzüglicher Hochachtung.«

Für die Verfolgte erlosch mit diesem zynischen Bescheid ein letzter Funke Hoffnung, dem Ghetto entrinnen zu können.

Trost fand sie in der Beschäftigung mit Literatur, in der Beschäftigung mit ihren eigenen Texten. Seit Anfang 1942 hielt sie die Zustände im Ghetto, ihre Erlebnisse, ihre Gefühle in Gedichten fest, die sie später zu dem Zyklus »Ghettomotive« zusammenfaßte. Dieser Zyklus ist zumindest teilweise als Manuskript erhalten geblieben, einige wenige dieser Gedichte sind in stark überarbeiteter Form im Gedichtband »Blinder Sommer« und im Band »36 Gerechte« erschienen. Es ist überhaupt festzustellen, daß die Beschäftigung mit den Gedichten und mit Philosophie und Literatur schlechthin, ihr die Kraft zum Überleben gab, als die äußeren Verhältnisse immer unerträglicher und hoffnungsloser wurden.

Im Februar 1943 entstand ein Kontakt zwischen Rose Ausländer und einem Freundeskreis in Bukarest. Inspiriert durch Margul-Sperber und Ruprecht Korn, sammelte dieser Kreis monatlich Lebensmittel und Kleidungsstücke, und die Exilpolin Hanna Kawa nahm es unter Mißachtung der persönlichen Gefahr auf sich, diese Hilfsmittel ins Ghetto einzuschmuggeln. Da das Ghetto in Czernowitz nicht wie etwa das Ghetto in Warschau hermetisch abgeriegelt war, wurde es möglich, durch die monatlichen Hilfslieferungen das Leben Rose Ausländers, ihrer Mutter und einiger Verwandten zu retten. Da auch gelegentlich die rumänische Post Briefe aus dem Ghetto beförderte, ist der Briefwechsel zwischen Rose Ausländer und Ewald Ruprecht Korn zumindest teilweise erhalten geblieben.* Aus diesen Briefen wissen wir, daß Rose Ausländer am 12. März 1943 die auch für Zwangsarbeit nötige Arbeitserlaubnis entzogen wurde. Dies war im Regelfall die Ankündigung der unmittelbar bevorstehenden Deportation nach Transnistrien. Rose Ausländer und ihre Mutter versteckten sich von da an in verschiedenen Kellern und

---

* Vgl. hierzu den Aufsatz »Bruchstücke aus Czernowitz« von Dr. Uwe Martin in Neue Literatur, Zeitschrift des rumänischen Schriftstellerverbandes, Bukarest, Nr. 4/1981, S. 82ff.

lebten hauptsächlich von den Hilfsgütern, die sie über Hanna Kawa erhielten. Zusätzlich veräußerten sie den Familienschmuck und letzte vorhandene Wertgegenstände und konnten so die Ghettozeit überstehen. Im März 1944 wurden sie durch die vorrückenden russischen Truppen aus dem Ghetto befreit.

Von der russischen Besatzung wurden sie jedoch als Deutsche eingestuft und waren wiederum Repressalien ausgesetzt. Arbeitsfähige Teile der jüdischen Bevölkerung wurden zu Arbeitseinsätzen nach Rußland deportiert. Die Familie Scherzer-Ausländer entging diesem Schicksal wohl hauptsächlich aufgrund der krankheitsbedingten Arbeitsunfähigkeit von Mutter und Tochter.

In diesen Ghettojahren traf Rose Ausländer auch erstmals mit Paul Antschel zusammen, der sich später Paul Celan nannte. Über diese Begegnungen gibt es widersprüchliche Angaben. Vorliegende mündliche Überlieferungen und auch schriftliche Äußerungen von Beteiligten widersprechen sich teilweise. So berichtet Chaim Ginniger dem Herausgeber der Celan-Jugendbiographie Israel Chalfen,* er habe den Studenten Paul Antschel, als er von dessen dichterischen Neigungen Kenntnis erhielt, mit Rose Ausländer bekannt gemacht. Diese Bekanntschaft hätte begonnen, während Celan Student an der Universität in Czernowitz war. Dies würde bedeuten, daß Rose Ausländer und Paul Antschel sich bereits Anfang 1941 kennenlernten. Rose Ausländer und andere Personen geben jedoch 1943 als das Jahr an, in dem sie sich mit Paul Antschel erstmalig traf, und zwar immer dann, wenn Celan nicht zu Arbeitseinsätzen außerhalb des Ghettos befohlen war. Antschel kannte Rose Ausländers Gedichte, ein Freund der Autorin überließ ihm auch den Gedichtband »Der Regenbogen«. Sie selbst war von seinen Gedichten überzeugt und versuchte, sich im Rahmen ihrer bescheidenen Möglichkeiten für ihn einzusetzen. Sie konnte ihn jedoch wohl nur auf andere Personen, so auf Kittner und Margul-Sperber hinweisen, die ihm möglicherweise weitere Hilfestellungen geben konnten. Ihre eigene Lage gestattete sonstige Initiativen nicht. Als das Ghetto im März 1944 in Czernowitz aufgelöst wurde und die wenigen Überlebenden aus den Lagern in Transnistrien zurückkehrten, bildete sich in Czernowitz ein Literaturzirkel, der von dem Ehepaar Ginniger geleitet wurde. Hier

---

* Israel Chalfen »Paul Celan – Eine Biographie seiner Jugend«, Frankfurt/Main 1979, S. 87 f.

fanden sich nach mündlicher Überlieferung neben Rose Ausländer und Paul Antschel regelmäßig Immanuel Weisglas und andere zusammen. Sie lasen sich ihre Texte vor, diskutierten miteinander, kritisierten sich und fertigten Übersetzungen an, versuchten ihr geistiges Überleben sicherzustellen, indem sie ihre materielle Not bei solchen Treffen verdrängten. Bei Rose Ausländer sind aus jenen Tagen Gedichthandschriften von Paul Celan, Übersetzungen Shakespearscher Sonette von Celan und Weisglas und anderen verblieben, auch Übersetzungen von Texten von Yeats und Oscar Wilde, die die Autoren in Konkurrenz miteinander angefertigt haben. In jener Zeit entstand bei Celan die »Todesfuge«, für die er als Material auch je ein Gedicht von Weisglas, Rosenkranz und Ausländer nutzte.* Czernowitz und die Bukowina wurden 1945 endgültig der UdSSR zugeschlagen. Die Familie Scherzer-Ausländer bemühte sich um die Ausreise nach Rumänien, nach Bukarest. Im Dezember 1945 wurde dies durch die russischen Behörden gestattet. Da Rose Ausländer auch in Bukarest großer materieller Not ausgesetzt war, beschloß sie, das Angebot ihrer amerikanischen Freunde um Dr. Walter Bernard anzunehmen und wieder in die USA auszuwandern. Im September 1946 trafen die erforderlichen Auswanderungspapiere ein. Ihre Freunde organisierten für die Lyrikerin eine Abschiedslesung, auch Paul Ancel (rumänische Schreibweise des Namen Antschel), der zwischenzeitlich nach Bukarest übergesiedelt war, nahm an dieser Abschiedslesung teil. Die einführenden Worte, die Alfred Margul-Sperber zu dieser Lesung sprach, sind erhalten geblieben: »Die Dichterin Rose Ausländer bedarf keiner Einführung mehr bei einem gedichteliebenden Publikum, dem die Veröffentlichung ihres Versbuches ›Der Regenbogen‹ den vollen Klang ihrer lyrischen Stimme und die kühne Eindringlichkeit ihrer dichterischen Aussage vermittelt hat. Aber weil nun einmal, und wie erst in erbarmungslosen Zeiten gleich den unseren, der Gesang des Dichters leicht übertönt wird vom Röcheln der Not und vom Schrei des Grauens, gilt es, die Erinnerung wachzurufen an das Werk dieser schwarzen Sappho unserer östlichen Landschaft.
Ich kenne in der Dichtung der Gegenwart kein schlagenderes Beispiel zur Erhärtung des alten Satzes, daß alles Erhabene und Schöne einfacher Art sei, als das Werk Rose Scherzers. Die

---

* Vgl. Heinrich Stiehler »Die Zeit der Todesfuge. Zu den Anfängen Paul Celans«, Akzente. München, 19. Jahrgang 1972, Nr.1, S. 11-40.

Dichter unserer Tage bevorzugen das Ungewöhnliche, Ungehörte, Komplizierte und Differenzierte in Idee und Ausdruck und vergessen allzu leicht, daß die großen Offenbarungen in der Schönheit der Natur – und Dichtung soll ja Natur sein – zu ihrer vollen und tiefen Wirkung durchaus keiner Kommentare bedürfen. Das Gedicht Rose Scherzers aber spricht das Natürlichste, Selbstverständlichste und Menschlichste so aus, daß es neu und zum ersten Male gesagt erscheint. Sie ist den Grundmächten verhaftet und nicht den Modemächten. Ihre Sprache, klar, ungekünstelt und bündig, folgt der großen Tradition, und Ehrfurcht vor der Sprache bestimmt den Ausdruck. Seine Schlichtheit ist oft erschütternd, und wie tiefe Wirkung erzielt, welche Ahnungen des Schicksals und der Grunderlebnisse beschwört in einem ihrer Liebesgedichte beispielsweise der Satz ›und alles wird anders sein . . .‹! Und dabei stammt ihre dichterische Eigenart durchaus nicht aus Bezirken des Emotionellen oder verdankt ihre Wirkung Mitteln der ästhetischen Bezauberungen, also etwa musikalischen oder malerischen Elementen. Es ist eine geistige Landschaft in ihr, die seelisch erschüttert, ein denkendes Herz, das singt, wie Ophelia, die sirenengleich dunkle, alte Weisen sang, und es klang wie ein Volkslied, so gestaltet Rose Scherzer das ewige Erlebnis des Frauenschicksals in Formen von erschütternder Einfachheit. Denn das Herzstück ihres Werkes ist das Liebesgedicht, und in ihm erschöpft sie auch alle Tiefen und Fernen ihres künstlerischen und menschlichen Erlebnisses. Ihr Liebesruf ist ein Naturlaut, und der Echtheit ihres Bekenntnisses ist nur die Leidenschaft ebenbürtig, mit der es ausgesprochen wird. Man übersehe nicht, daß ihr lyrisches Erlebnis aus dunklen Quellen des Elementaren und Dämonischen gespeist wird, und es sind oft gefährliche Spannungen, aus denen sich Rose Scherzer zur Klarheit und Ausgeglichenheit ihres Gedichtes erlöst. Man verkenne auch nicht den Zug der Schwermut, der das Gedicht Rose Scherzers überschattet:

Nur aus der Trauer Mutterinnigkeit
strömt mir das Vollmaß des Erlebens ein.

Es ist die tragische Bestimmung aller Liebenden, das Unmögliche zu wollen: die Dauer des Vergänglichen und die Flamme zu lieben, die sie verzehrt. Von dieser, wenn man so will, erotischen Grundeinstellung ihres dichterischen Erlebnisses aus, ist das Werk Rose Scherzers auch in allen seinen Aspekten zu erfassen und zu bestimmen. Sie bestimmt ihre Einstellung zum Natur-

und Landschaftsgedicht, das überall ein auf das Naturerlebnis projiziertes und in ihm sublimiertes Liebeserlebnis bleibt. In ihr sind auch die Wurzeln ihrer dichterisch gestalteten Traumerlebnisse zu suchen, ihre Gleichnisse, Visionen und Legenden, ja selbst das Gedankengedicht, dessen Vorrat Rose Scherzer um ein paar wirklich dichterisch gestaltete und gültige Stücke dieser sonst in der Lyrik problematischen Gattung bereichert hat, beruht hier auf Voraussetzungen erotischer Art. Es liegt auf der Hand, daß eine dichterische Natur, wie die Rose Scherzers, nur auf ihrer eigenen starken Persönlichkeit beruht, den Gesetzen, wonach sie angetreten, gehorchen und sich nur in einer ihrem Temperament gemäßen Art dichterisch ausleben kann. Man darf es aber keinesfalls von ihr erwarten, daß sie sich den Satzungen einer zeitbedingten Literaturströmung, einer Dichterschule oder Koterie, oder selbst den sogenannten Forderungen der Zeit verschreibe. Aber wir haben es nicht zu bedauern, daß die Dichtung der Rose Scherzer eben nur Dichtung ist und im Wesen und der Form nach sich nicht unter dem Namen einer land- und zeitläufigen Literaturströmung – Expressionismus, neue Sachlichkeit oder Surrealismus – einordnen läßt. Denn für die Kunst gilt ganz besonders das Wort Shakespeares:

> »Was ist ein Name? Was uns Rose heißt,
> wie es auch hieße, würde lieblich duften.«[*]

Rose Ausländer las aus ihrem Gedichtband »Der Regenbogen« und 24 Texte aus dem Zyklus »Ghettomotive«. Diese 24 Texte blieben in Kopie bei Alfred Kittner in Bukarest erhalten, sie stehen heute wieder zur Verfügung.

Mit dem Zug reist Rose Ausländer nach Marseille, begibt sich dort noch im September 1946 an Bord der »MS Wellesley Victory« und tritt die Seereise nach New York an.

Nach ihrer Ankunft wird sie von Freunden aufgenommen und betreut. Sie versucht, Fuß zu fassen. Ihr durch die Ereignisse und die Not der vergangenen Jahre geschwächter Körper gestattet es ihr nicht, einer dauernden Arbeit nachzugehen. Sie versucht, Einreise- und Arbeitsmöglichkeiten für die Mutter und den Bruder zu beschaffen. Dieses gelingt ihr nicht. Die Mutter stirbt im Alter von 73 Jahren in Satu-Mare in der Nähe von Bukarest. Die Nachricht ihres Todes führt bei der Tochter zum Zusam-

---

[*] Zitiert nach einer Kopie des Redemanuskripts von Alfred Margul-Sperber, im Original erhalten im Nachlaß Sperbers im Literaturmuseum in Bukarest, Rumänien.

menbruch. Ein halbes Jahr lang verbleibt sie in intensiver ärztlicher Behandlung und beginnt dann erst langsam, sich in New York zurechtzufinden. Sie findet Arbeit als Übersetzerin und Fremdsprachenkorrespondentin. Vom 6. März 1950 bis zum 8. Dezember 1961 ist sie bei der Speditionsfirma Freedman & Slater in New York angestellt. Häufige Krankheiten erzwingen lange Arbeitspausen. In ihren New Yorker Jahren zieht sie mehrfach um, ihre Lebensverhältnisse bleiben bescheiden.

Ab Ende 1947 schreibt sie wieder Gedichte – in Englisch. Das Dichten in ihrer Muttersprache ist ihr vorläufig verwehrt. Ab 1949 sind die Publikationen englischer Gedichte und gelegentlich die Publikationen von Übersetzungen, zum Beispiel von Gedichten Else Lasker-Schülers, Adam Mickiewicz, Christian Morgensterns und anderer nachweisbar. Ihre Gedichte erscheinen unter anderem in »The Raven Anthology«, in »Different«, in »Pegasus«, in »Flame«, in »Epos«, in »Epos Anthologie«, in »Voices« und in Bänden der »Voyage Press New York.«

In diesen Jahren vollzieht sie einen stilistischen Wandel. Folgt sie anfangs noch auch mit ihren englischen Gedichten den Gesetzen der Metrik und des Reims, so ändert sich dies bald. Angeregt von der amerikanischen Moderne verläßt sie die Fesseln der Verslehre und arbeitet von da an in ihren Texten in freien Rhythmen und ohne Reim.

Rose Ausländer findet Anschluß an Emigrantenkreise in New York und deren kulturelle Zirkel. Sie beginnt am öffentlichen kulturellen Leben teilzunehmen, auch wenn es sich dabei um das öffentlich kulturelle Leben einer deutschsprachigen Minderheit handelt. Sie führt Lesungen durch, zuerst in privaten Zirkeln, dann im Rahmen öffentlicher Veranstaltungen, unter anderem im österreichischen Kulturinstitut. Ihre Gedichte werden mehrfach durch New Yorker Rundfunkanstalten gesendet.

1948 bemühte sie sich über den Immigrationsspezialisten Abraham Orlow um erneute Anerkennung ihrer amerikanischen Staatsbürgerschaft. Orlow erreicht, daß ihr die amerikanische Staatsbürgerschaft wieder zuerkannt wird, insbesondere mit dem Hinweis auf das Leid ihrer Jahre von 1940 – 1946.

Im April 1957 bricht sie zu einer mehrmonatigen Europareise auf. Mit dem Schiff fährt sie nach Frankreich, dort ist ihre erste Station Paris. Leo Sonntag, ein Freund aus Czernowitz, vermittelt ein erstes Treffen mit Paul Celan, dem sich vierzehn Tage später ein zweites Treffen anschließt. Die beiden sprechen über ihre Arbeit und machen sich mit neueren Texten vertraut. Rose

Ausländer erkennt erstaunt, wie sehr sich Celan von seiner Arbeits- und Ausdrucksweise der früheren Jahre entfernt hat. Sie legt deutsche Texte aus den vierziger Jahren vor, die alle noch gereimt und in gebundenen Formen gehalten sind. Er verwirft sie und macht sie mit der deutschen Moderne bekannt. Sie empfängt hier durch Celan die Eindrücke, die für ihr weiteres lyrisches Schaffen prägend sind. In den folgenden Monaten vollzieht sie auch mit deutschen Texten ihren Schritt zur Moderne. Die Fünfundfünfzigjährige verläßt nicht mehr ihren Themenkreis, sie ändert jedoch radikal Form und Stil ihrer Arbeit und findet erstaunlich schnell und erstaunlich vollkommen Anschluß an das moderne Gedicht.

Sie setzt ihre Reise fort, bereist Spanien und Italien, umgeht Deutschland, reist durch Skandinavien, besucht ein erstes Mal Nelly Sachs und kehrt schließlich über Österreich und die Schweiz wieder nach Paris zurück, wo sie erneut Celan aufsucht und ihn mit neuen Texten, die in den letzten Monaten entstanden sind, bekannt macht. Er akzeptiert diese Texte und gibt ihr Empfehlungen, die Gedichte »Blinder Sommer«, »Ruf und Kristall«, »Das unhörbare Herz«, »Immer Antlantis«, »Die Tür« und »Im Osten des Herzens« an verschiedene Zeitungen und Zeitschriften zu schicken. Er wollte wohl auch für sie sprechen, daß diese Gedichte veröffentlicht werden sollten. Aufgrund dieser Hinweise sandte Rose Ausländer auch Gedichte für die »Akzente« an Hans Bender, der von den Gedichten, die Celan für »gut« befunden hatte, »Im Osten des Herzens« annahm und publizierte. Im Dezember 1957 trifft Rose Ausländer wieder in New York ein.

Sie schreibt nunmehr keine Gedichte mehr in Englisch, sondern arbeitet wieder ausschließlich in ihrer Muttersprache Deutsch, und es gelingt ihr sofort, neue und auch ältere Texte in Zeitungen wie »Der Aufbau« und »Neue Staatszeitung und Herold« in New York unterzubringen. Sie nimmt ihre journalistische Tätigkeit wieder auf und arbeitet unter anderem für die Zeitschrift »Die Stimme« in Tel Aviv. Gedichte und Übersetzungen von ihr werden in »The New Orlando Poetrie Anthologie« publiziert. Auch in Deutschland tauchen seit 1959 erste Texte, so im Norddeutschen Rundfunk, wieder auf. Im Frühjahr 1960 bemüht sie sich für das akademische Jahr 1960/61 um ein Stipendium der *Conference on Jewish material Claims against Germany, New York*. Das Stipendium wird ihr für verschiedene Buchprojekte genehmigt. Am 8. Dezember 1961 muß sie, krankheitsbedingt, endgültig ihre Tätigkeit bei Freedman & Slater aufgeben. Sie lebt nunmehr von einer kleinen Altersrente und den gelegentlichen Entgelten aus ihren verschiedenen Publikationen, und sie versucht, als Verfolgte des Naziregimes anerkannt zu werden und eine Entschädigung von der Bundesrepublik Deutschland zu erhalten. Nach einem langwierigen, umständlichen und bürokratischen Verfahren wird ihr 1966 eine Entschädigung und eine Rente von der Bundesrepublik Deutschland zugesprochen

Mitte 1963 beschließt Rose Ausländer, nach Europa zurückzukehren. Da die deutsche Sprache wieder ihre ›Arbeitssprache‹ als Lyrikerin geworden ist, bereitet sie ihre Rückkehr nach Österreich vor. Im Mai 1964 verläßt sie die USA mit dem Schiff und trifft im Juni 1964 in Wien ein. Sie kommt dort mit ihrem Bruder Max, dessen Frau und dessen zwei Kindern zusammen, die zu diesem Zeitpunkt die Ausreisegenehmigung aus Rumänien erhalten hatten und sich im Durchgangslager für jüdische Auswanderer in Wien befinden. Während einer mehrwöchigen Reise versucht sie zu ergründen, ob es für ihren Bruder die Möglichkeit gibt, sich in Israel niederzulassen. Ihre Schwägerin stirbt in dieser Zeit in Wien. Der Bruder und dessen beide Kinder beschließen schließlich, in die USA auszuwandern. Sie verlassen Wien und lassen sich in New York nieder. Rose Ausländer bereist wieder Italien und Spanien, ihre Krankheiten zwingen sie zu häufigen Kuraufenthalten. Sie kehrt aus Barcelona nach Wien zurück und reist Anfang 1965 erstmalig nach dem Zweiten Weltkrieg wieder nach Deutschland und hier nach Düsseldorf. Seitdem ist Düsseldorf ihr dauernder Wohnsitz. Solange ihr körperlicher Zustand ihr noch Beweglichkeit gestattet, ist sie häufig unterwegs. Sie besucht immer wieder die Schweiz, Italien, Spanien, 1968 für mehrere Monate die USA, sie reist aber auch viel in Deutschland. Nachdem sie einige Jahre in Pensionen gelebt hat, zieht sie 1970 ins Nelly-Sachs-Haus, das Elternhaus der jüdischen Gemeinde in Düsseldorf. Sie will sich hier zwar noch nicht für immer niederlassen, aber ein Unfall, den sie während eines Kuraufenthaltes 1972 in Bad Mergentheim erleidet, macht sie auf Dauer pflegebedürftig. Das Nelly-Sachs-Haus wird ihr zur letzten Wohnstätte.

Als sie 1963 beschloß, nach Europa zurückzukehren, stellte sie eine Auswahl ihrer Gedichte zusammen, beginnend mit einzelnen überarbeiteten Texten aus den »Ghettomotiven« und Gedichte, die in den Jahren 1957–1963 entstanden waren. Sie schickte diese Texte an den Bergland Verlag in Wien, dort an den als Herausgeber tätigen Dr. Rudolf Felmayer, der schließlich 1965 ihren zweiten Gedichtband »Blinder Sommer« veröffentlichte. Dieser Gedichtband fand zwar bei der Kritik einige Beachtung, erreichte jedoch das Lesepublikum nicht. Der Verlag hatte von vornherein lediglich eine Auflage von 500 Exemplaren drucken lassen und unternahm keine nennenswerten Verkaufsbemühungen. Durch die Vermittlung von Rudolf Hagelstange gelang es Rose Ausländer, den Verlag Hoffmann und Campe in Hamburg für ihre Texte zu interessieren. Für die von ihr eingesandten Texte erhielt sie 1966 den Silbernen Heinetaler des Verlages. 1967 erschien ihr Gedichtband »36 Gerechte«. Dieser Band erregte zumindest bei der Kritik und in den Medien einiges Aufsehen. Hatte Rose Ausländer 1965 bereits für das Gedicht »Schnee im Dezember« den Ehrenpreis der Stadt Meersburg für das beste Gedicht einer Veranstaltungsreihe erhalten, so erhielt sie nunmehr 1967 den Droste-Preis für Dichterinnen der Stadt Meersburg. Nach ihrer Würdigung 1957 durch die amerikanische Dichterin Marianne Moore, die ihr den Ehrenpreis des Wagner College in New York verliehen hatte, war dies nun wieder eine Auszeichnung, die geeignet war, der Dichterin, die dringend nötige Publizität zu verschaffen. In der Folgezeit erschienen ihre Gedichte und ihre Kurzprosatexte häufig in Anthologien und sehr häufig in Zeitungen und Zeitschriften. Die FAZ, die Rheinische Post, die Düsseldorfer Nachrichten, Neues Rheinland, die Stuttgarter Zeitung, die Süddeutsche Zeitung und viele andere publizierten Gedichte von Rose Ausländer. Der Süddeutsche Rundfunk, der Norddeutsche Rundfunk, der WDR, SFB und Rias und der Österreichische Rundfunk sendeten ihre Gedichte und Texte fast regelmäßig. In Anthologien wie »Lyrik aus dieser Zeit«, Eßlingen 1967, »Welch Wort in die Kälte gerufen«, Berlin (DDR) 1968, »Blick auf Rom«, Gütersloh 1968, »Tür an Tür«, Wien 1970, »Motive«, Tübingen 1971, »Pen«, Tübingen 1971, »Satzbau«, Düsseldorf 1972, und vielen anderen finden wir ihre Texte. Literaturzeitschriften wie »Akzente«, »Literatur und Kritik«, »Neue deutsche Hefte«, »Hortulus«, »Quadrate« usw. nehmen Gedichte der Rose Ausländer auf. Trotzdem dauert es noch einmal bis 1972, bis erneut ein Gedichtband von ihr veröffentlicht wird. Auch diese Publikation ist streng genommen eine »Nicht-Publikation.« Es handelt sich um den kostbaren bibliophilen Band »Inventar«, der ausgestattet mit Siebdrucken von Otto Piene lediglich in 100 Exemplaren erschien und kurz nach seinem Erscheinen vergriffen war.

Während Rose Ausländer, bedingt durch ihren gesundheitlichen Verfall, ab Mitte der siebziger Jahre immer stärker an das Nelly-Sachs-Haus gebunden war und schließlich als Pflegefall ab 1978 ihr Zimmer nicht mehr verlassen konnte, wuchsen ihre Wirkungs- und Publikationsmöglichkeiten jedoch beträchtlich. Seit 1974 ist jedes Jahr mindestens ein Gedichtband, häufig sind sogar mehrere Gedichtbände pro Jahr von ihr erschienen. 1976 wurden die »Gesammelten Gedichte«, die alle von 1965 bis 1975 erschienenen Bände vereinigten, vorgestellt, in der Folgezeit erschienen unter anderem die Bände »Doppelspiel«, »Mutterland«, »Ein Stück weiter« und »Einverständnis«. 1981 folgten die Bücher »Mein Atem heißt jetzt«, »Im Atemhaus wohnen«, »Einen Drachen reiten« und »Schatten im Spiegel« (hebräisch). 1982 erschienen die Gedichtbände »Mein Venedig versinkt nicht« und »Südlich wartet ein wärmeres Land«. Darüber hinaus sind die Publikationen in Zeitungen, Zeitschriften, Anthologien, im Rundfunk, ja sogar im Fernsehen wegen ihrer Fülle kaum noch zu erfassen. In mehreren Taschenbüchern konnten die Texte von Rose Ausländer mittlerweile auch in hohen Auflagen verbreitet werden. Ihre Leserschaft in allen Altersstufen unserer Bevölkerung wächst ständig. Die Zustimmung der Leser und der Kritik fand ihre Bestätigung auch in der Verleihung mehrerer Literaturpreise. 1977 erhielt Rose Ausländer den Ida-Dehmel-Preis und den Andreas-Gryphius-Preis, 1978 die Ehrengabe des Kulturpreises im BDI und 1980 die Roswitha-Medaille der Stadt Bad Gandersheim.

1977 verließ Rose Ausländer letztmalig zur Teilnahme an zwei Veranstaltungen das Nelly-Sachs-Haus. Sie war anwesend bei der Eröffnung einer Ausstellung ihr zu Ehren im Mai 1977 im Heinrich-Heine-Institut in Düsseldorf, und sie nahm den Andreas-Gryphius-Preis im Haus des Deutschen Ostens in Düsseldorf entgegen und las hier das letzte Mal öffentlich vor einem ergriffenen Publikum. Seit 1978 ist die Autorin endgültig bettlägerig. Im April 1981 schrieb sie, fast achtzigjährig, ihre letzten Gedichte. Einfache, klare, vollkommene Texte, die in dem Band »Mein Venedig versinkt nicht« Aufnahme gefunden haben. Seitdem ist die poetische Kraft der Dichterin Rose Ausländer versiegt. Erfreut, aber passiv, nimmt sie die weitere Verbreitung ihres Werkes, die Anerkennung der Kritik und die Zuneigung der Leser zur Kenntnis. Sie, die ausschließlich für und von ihrer Poesie lebte, ist zu poetischer Äußerung nun nicht mehr fähig. Ihr Textkosmos ist ausgeschritten und beschrieben, ihr Werk vollendet.

Pfaffenweiler Literatur
Zeitgenössische Literatur und Graphik

Katja Behrens
Jonas
Erzählungen, 3-921365-41-4, 19,60 DM

Barbara Frischmuth
Entzug – ein Menetekel der zärtlichsten Art
Erzählungen, 3-921365-22-8, 19,60 DM

Walter Helmut Fritz
Auch jetzt und morgen
Gedichte, 3-921365-27-9, 19,60 DM

Bernhard Hüttenegger
Ein Tag ohne Geschichte
Erzählungen, 3-921365-36-8, 19,60 DM

Michael Krüger
Lidas Taschenmuseum
Gedichte, 3-921365-43-0, 19,60 DM

Friederike Mayröcker
Schwarze Romanzen
Gedichtzyklus, 3-921365-49-X, 19,60 DM

Guntram Vesper
Die Inseln im Landmeer
Gedichte, 3-921365-54-6, 19,60 DM

Gernot Wolfgruber
Ankunftsversuch
Erzählung, 3-921365-25-2, 19,60 DM

Nähere Informationen bei
Pfaffenweiler Presse
Mittlere Strasse 23, D-7801 Pfaffenweiler

Rose Ausländer

»Ich kenne in der Dichtung der Gegenwart kein schlagenderes
Beispiel zur Erhärtung des alten Satzes, daß alles Erhabene und
Schöne einfacher Art sei, als das Werk von Rose Scherzer-
Ausländer. Die Dichter unserer Tage bevorzugen das Ungewöhn-
liche, Unerhörte, Komplizierte und Differenzierte, das um jeden
Preis Neuartige und Überraschende in Idee und Ausdruck, und
vergessen allzuleicht, daß die großen Offenbarungen der Schön-
heit in der Natur – und Dichtung soll ja Natur sein – zu ihrer vollen
und tiefen Wirkung durchaus keiner Kommentare bedürfen. Das
Gedicht Rose Ausländers aber spricht das Natürlichste, Selbstverständlichste und Menschlichste so aus, daß es neu und zum ersten
Mal gesagt erscheint.
Alfred Margul-Sperber

Mein Venedig versinkt nicht
Gedichte. 1982. 136 Seiten

Mein Atem heißt jetzt
Gedichte. 1981. 144 Seiten

Doppelspiel
72 Seiten

Ein Stück weiter
160 Seiten

Gesammelte Gedichte
572 Seiten

Mutterland
72 Seiten

Im Atemhaus wohnen
Gedichte. Fischer Taschenbuch Bd. 2189

Mutterland/Einverständnis
Gedichte. Fischer Taschenbuch Bd. 5775

S. Fischer

Lyrik

Ilse Aichinger
verschenkter Rat
Gedichte. Band 5126

Vicente Aleixandre
Gesicht hinter Glas
Gedichte/Dialoge. Band 2255

Rose Ausländer
Im Atemhaus wohnen
Gedichte. Mit einem Nachwort von Jürgen Serke
Band 2189

Wolfgang Bächler
Ausbrechen
Gedichte aus 20 Jahren
Band 5127

Hans Bender (Hrsg.)
In diesem Lande leben wir
Deutsche Gedichte der Gegenwart
Band 5006

Heribert Breidenbach
Leben mit Gedichten
Epochen deutscher Lyrik vom Barock
bis zum Expressionismus
Beispiele und Interpretationen
Band 2194/in Vorbereitung

Gisela Brinker-Gabler (Hrsg.)
Deutsche Dichterinnen vom 16. Jahrhundert
bis zur Gegenwart
Gedichte – Lebensläufe. Band 1994

Charles Bukowski/Carl Weissner
Terpentin on the rocks
Die besten Gedichte aus der amerikanischen
Alternativpresse 1966–1977
Band 5123

Fischer Taschenbuch Verlag

Lyrik

Fischer Taschenbuch Verlag

Lyrik

Reiner Kunze
Zimmerlautstärke
Gedichte. Band 1934

Christoph Meckel
Säure
Gedichte. Band 5122

Edgar Neis (Hrsg.)
Gedichte über Dichter
Band 2156

Fritz Pratz (Hrsg.)
Deutsche Gedichte von 1900 bis zur Gegenwart
Band 2197

Thomas Rothschild (Hrsg.)
Von großen und kleinen Zeiten
Politische Lyrik von den Bauernkriegen
bis zur Gegenwart. Band 5124

Ralf-Rainer Rygulla (Hrsg.)
Fuck you!
Underground-Gedichte
englisch–deutsch. Band 2254

Fischer Taschenbuch Verlag

Ilse Aichinger

Meine Sprache und ich
Erzählungen
Fischer Taschenbuch Band 2081

zu keiner Stunde
Szenen und Dialoge
143 S. Ln.

verschenkter Rat
Gedichte
100 S. Ln.
(auch als Fischer Taschenbuch Band 5126 lieferbar)

schlechte Wörter
Mit einem Nachwort von Heinz F. Schafroth
»Die Dimensionen der Atemlosigkeit«.
135 S. Ln.

Die größere Hoffnung
Roman
Mit einem Nachwort von Heinz Politzer.
Fischer Bibliothek. 315 S. Geb.
Fischer Taschenbuch Band 1432

Besuch im Pfarrhaus
Ein Hörspiel. Drei Dialoge. 94 S. Kart.

Auckland
4 Hörspiele. 152 S. Brosch.

S. Fischer Verlag
Fischer Taschenbuch Verlag

Lars Gustafsson

»Soviel Witz bei soviel Trauer und Melancholie, soviel Poesie bei soviel wacher Intelligenz, soviel Phantasie bei genauer Ralitätsbezogenheit schaffen ein nicht alltägliches Lesevergnügen. Lars Gustafsson ist Poet, Essayist, Philosoph und schreibt eine präzise Prosa, die noch die ungewöhnlichsten Geschehnisse in ein helles klares Licht taucht.«
Frankfurter Allgemeine Zeitung

Eine Insel in der Nähe von Magora
Gesammelte Erzählungen und Gedichte
Band 1401

Herr Gustafsson persönlich
Roman. Band 1559

Sigismund
Aus den Erinnerungen
eines polnischen Barockfürsten.
Roman. Band 2092

Der Tod eines Bienenzüchters
Roman. Band 2106

Sprache und Lüge
Drei sprachphilosophische Extremisten
Friedrich Nietzsche,
Alexander Bryan Johnson, Fritz Mauthner
Band 5405

Fischer Taschenbuch Verlag

Klaus Schlesinger

Klaus Schlesinger wurde 1937 in Berlin geboren. Nach einer Ausbildung zum Chemielaboranten und Studium an einer Ingenieurschule lebt er heute als Journalist und Schriftsteller in Ost-Berlin. Er hat Erzählungen, Reportagen, Hörspiele und Filmszenarien geschrieben. Im Juni 1979 wurde Klaus Schlesinger zusammen mit acht anderen Autoren wegen kritischer Äußerungen zur DDR-Kulturpolitik aus dem Schriftstellerverband der DDR ausgeschlossen.

Alte Filme
Eine Berliner Geschichte
124 Seiten. Leinen
Fischer Taschenbuch Band 2091

Berliner Traum
Fünf Geschichten
172 Seiten. Leinen
Fischer Taschenbuch Band 2101

Leben im Winter
Erzählung
126 Seiten. Geb.

Michael
Roman
Fischer Taschenbuch Band 5409

S. Fischer
Fischer Taschenbuch Verlag

Reiner Kunze

auf eigene hoffnung
Gedichte. 112 Seiten

Die wunderbaren Jahre
Prosa. 131 Seiten. Leinen
Fischer Taschenbuch Band 2074

Der Film Die wunderbaren Jahre
Lesefassung des Drehbuches.
Mit Original-Farb-Fotos aus dem Film.
S. Fischer Theater Film Funk Fernsehen
Fischer Taschenbuch Band 7053

Zimmerlautstärke
Gedichte
Fischer Taschenbuch Band 1934

Der Löwe Leopold
Fast Märchen, fast Geschichten.
Fischer Taschenbuch Band 1534
Ausgezeichnet mit dem Deutschen Jugendbuchpreis.

Reiner Kunze. Materialien und Dokumente
Herausgegeben von Jürgen P. Wallmann
239 Seiten

———

Jan Skácel
wundklee
gedichte
Ins deutsche übertragen und mit einem nachwort
versehen von Reiner Kunze
S. Fischer, 128 Seiten, Pappband

S. Fischer
Fischer Taschenbuch Verlag

Hilde Domin

im S. Fischer Verlag

Lyrik

Nur eine Rose als Stütze
S. Fischer 1959
9. Auflage, 17.–19. Tsd. 1981

Rückkehr der Schiffe
S. Fischer 1962
6. Auflage, 11. Tsd. 1982

Hier
S. Fischer 1964
4. Auflage, 8.–9. Tsd. 1981

Prosa

Das zweite Paradies
Fischer Taschenbuch Band 5001
2. Auflage, 15. Tsd. 1981

Editionen

Doppelinterpretationen
Das zeitgenössische deutsche Gedicht
zwischen Autor und Leser
Fischer Taschenbuch Band 1060
1969; 1979 – Gesamtauflage 75 000

Spanien erzählt
Fischer Taschenbuch Band 1799
1963; 1977 – Gesamtauflage 70 000

S. Fischer

Gerhard Roth

Circus Saluti
Erzählung
Collection S. Fischer Band 2321

Der große Horizont
Fischer Taschenbuch Band 2082

Schöne Bilder beim Trabrennen
Fischer Taschenbuch Band 5400

DER STILLE OZEAN
Roman. 247 S. Ln.

die autobiographie des albert einstein
Kurzromane
Fischer Taschenbuch Band 5070

Menschen Bilder Marionetten
Prosa, Kurzromane, Stücke
453 S. Ln.

Ein neuer Morgen
Roman. 161 S. Ln.
(auch als Fischer Taschenbuch Band 2107 lieferbar)

Winterreise
Roman. 192 S. Ln.
(auch als Fischer Taschenbuch Band 2094 lieferbar)

**S. Fischer Verlag
Fischer Taschenbuch Verlag**